F

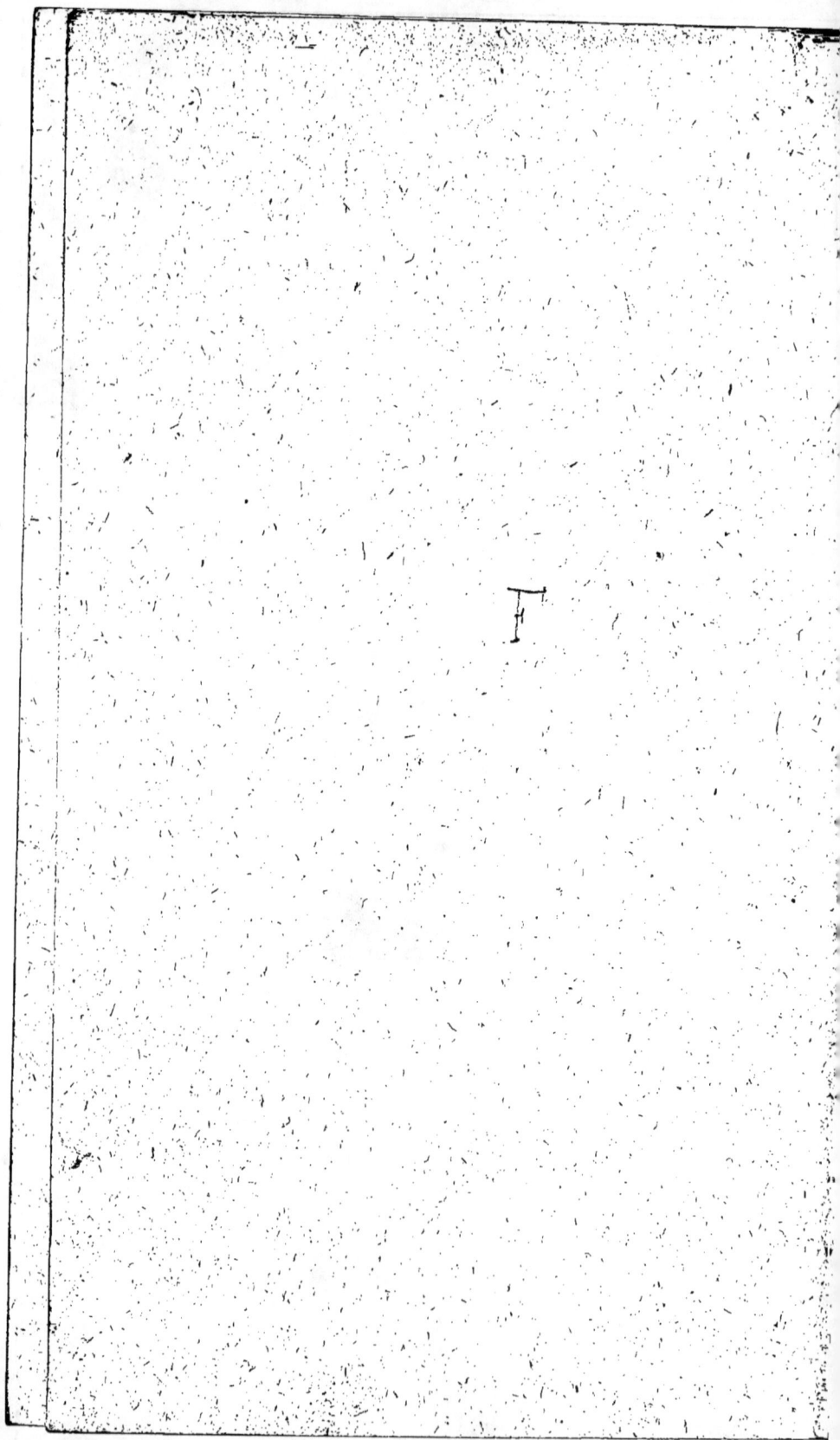

ARRÊTS

DE LA

COUR ROYALE DE RIOM,

EN MATIÈRE ÉLECTORALE.

1ᵉʳ. Cahier.

ARRÊTS

DE LA

COUR ROYALE DE RIOM,

EN MATIÈRE ÉLECTORALE,

RECUEILLIS

Par l'un des membres du Barreau de la
même Cour.

1830.

A RIOM,

CHEZ THIBAUD, LIBRAIRE, IMPRIMEUR DE LA COUR ROYALE.

M. D. CCC. XXX.

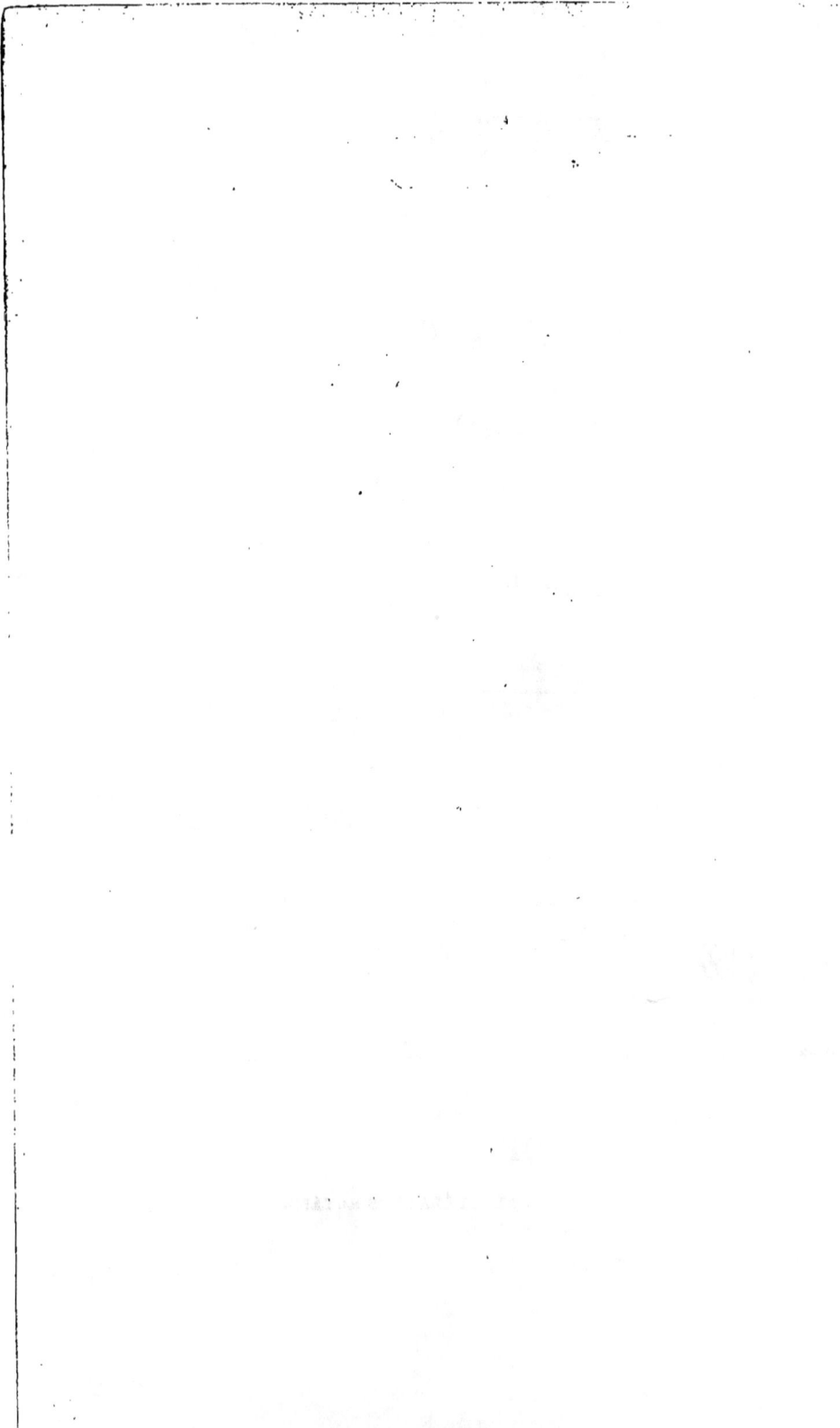

ARRÊTS

DE LA

COUR ROYALE DE RIOM,

EN MATIÈRE ÉLECTORALE.

4 Juin 1828. — 1ʳᵉ. Chambre.

1º. *La décision rendue par le préfet, en conseil de préfecture, est provisoire ; elle forme le 1ᵉʳ degré de juridiction.*

Le 2ᵉ. degré de juridiction appartient à la Cour qui statue en dernier ressort, s'il y a lieu, contre la décision administrative.

2º. *Le conflit élevé en 1827, et sur lequel il n'a pas été fait droit, ne peut arrêter l'effet de délégations faites en 1828, surtout dans le cas où les électeurs qui réclament le bénéfice de ces délégations, se sont désistés de leur ancienne demande qui avait donné lieu au conflit.*

GUILLAUMONT, VOUALHAT et GENEIX, C. Le PRÉFET du Puy-de-Dôme.

Voici les faits principaux, importans à connaître :

On sait que la loi sur l'organisation du jury et la formation des listes électorales, est sous la date du 2 mai 1827 ; les sieurs Guillaumont et Bonnadier-Voualhat, tous deux négocians, habitans de la ville de Clermont, et le sieur Geneix, notaire, habitant le chef-lieu de la commune de Chauriat, n'y furent pas portés ; cependant, dès le 25 septembre 1827, les dames veuve Ranvier, veuve Bartin et veuve Voualbat leur avaient délégué, par actes authentiques, leurs *impositions de toute nature*, avec déclaration d'en faire profiter exclusivement les sus-nommés, leurs gendres, et avec observation de leur part qu'elles n'avaient point de fils, et que leurs petit-fils étaient encore mineurs.

Le lendemain, les sieurs Guillaumont, Voualhat et Geneix présentèrent pétition à M. le préfet du département du Puy-de-Dôme, et demandèrent à être admis sur la première partie de la liste électorale destinée à l'année 1828 ; ils produisirent, à l'appui de cette réclamation, les actes de délégation et les extraits de contributions portées en leur nom propre et en celui de leurs belles-mères.

Le 27 septembre, un arrêté du conseil de préfecture est rendu ; il rejète la réclamation des sieurs Guillaumont, Voualhat et Geneix qui, par exploit du 29 septembre, appellent de cette décision à la Cour royale de Riom.

Mais à peine l'appel est-il notifié à M. le préfet, que le 2 octobre suivant, ce fonctionnaire élève un conflit d'attribution, et la Cour royale (chambre des vacations), surseoit par défaut, suivant arrêt du 20 octobre, sur l'appel émis, jusqu'après la décision du conseil-d'état sur le conflit.

Les sieurs Guillaumont, Voualhat et Geneix ne furent donc pas inscrits sur la dernière liste des électeurs. Toutefois, il leur importait de réclamer encore auprès de l'autorité, pour l'inscription de leur nom sur la liste de cette année ; ils ont pris le soin d'assurer, par de nouveaux actes notariés des 19 et 23 mai dernier, les délégations de leurs belles-mères. Le dépôt de toutes les pièces qui les appuyaient a été fait aux bureaux de la préfecture, et une nouvelle demande d'inscription des noms sur les listes électorales de l'arrondissement de Clermont, a été présentée avec déclaration au besoin, de désistement des anciennes prétentions.

Cette demande avait été rejetée par un arrêté du 23 mai, sur le motif que le conflit élevé le 27 septembre 1827, n'avait pas été vidé.

C'est l'examen de ces dernières difficultés qui avait été déféré à la Cour, par appel du 27 mai, et il est à remarquer qu'aucun conflit nouveau n'avait été élevé depuis la notification de cet appel à M. le préfet.

Me. Tailhand père, avocat des sieurs Guillaumont, Voualhat et Geneix, a présenté de nombreux moyens qui n'ont pas été restreints dans le cercle étroit de la cause. Il est remonté aux principes les plus élevés sur les droits civils et politiques, et en a reproduit tous les développemens et application dans l'ordre social depuis l'année 1789 jusqu'à nos jours. Il a dépeint avec force, dans sa plaidoirie, tous les avantages d'un système constitutionnel suivi de bonne foi, et a flétri les abus si déplorables des conflits.

M. de Bonnechose, avocat-général, ne prenant conseil dans cette circonstance, que de ses principes de justice et de raison, s'est empressé de conclure à l'adoption des conclusions des appelans.

La Cour, après avoir délibéré en la chambre du conseil, a rendu un arrêt ainsi conçu :

ARRÊT.

« En ce qui touche la question relative à la com-
» pétence de la Cour,

» Attendu que de la combinaison et du sens qu'on
» doit nécessairement attacher aux termes des art. 5
» et 6 de la loi du 5 février 1817 , il résulte que la
» décision rendue par M. le préfet du département,
» en conseil de préfecture, est regardée comme pro-
» visoire, et forme , par sa nature, un premier degré
» de juridiction, et que la Cour royale est investie
» du droit de statuer en second degré de juridiction,
» et en dernier ressort sur le pourvoi contre cette
» décision , lorsqu'il y a lieu ;

» Que tel est le résultat de l'emploi du mot *pro-*
» *visoirement,* par lequel le législateur a voulu ca-
» ractériser la décision du préfet, et de l'emploi du
» mot *définitivement,* par lequel il a voulu caractéri-
» ser la décision de la Cour royale ;

» Que les termes ordinaires en matière d'appel ,
» ont été changés à dessein par le législateur , à rai-
» son de la différence de la nature des affaires ;

» Attendu que la compétence de la Cour royale
» ne peut être douteuse dans l'espèce , puisque la
» difficulté se réduit à l'exercice d'un droit politique,
» dont la connaissance lui est spécialement attribuée.

» En ce qui touche la question de savoir si , dans
» le cas particulier , l'action des parties de Tailhand,
» est recevable ou non ;

» Attendu que les délégations dont il s'agit, sont
» seulement du mois de mai 1828 ;

» Attendu que dès-lors le conflit , élevé par M. le
» préfet en 1827 , est étranger aux contestations
» dont il s'agit, surtout n'ayant point été fait droit
» sur ce conflit ;

» Attendu que les parties de Tailhand se sont dé-
» sistées de leurs demandes anciennes, sur lesquelles
» le conflit avait eu lieu ;

» Attendu que, par conséquent, rien n'empêche
» que la Cour ne statue sur l'appel actuel des parties
» de Tailhand, s'agissant de la validité ou invalidité
» de délégations, qui ne sont ni grevées, ni suspen-
» dues par aucun conflit.

» En ce qui touche le fonds,

» Attendu que les mots *à défaut*, etc., énoncés
» dans l'article 5 de la loi du 29 juin 1820, étant sai-
» nement saisis, doivent s'entendre de la non-capa-
» cité légale, comme de la non-existence physique;

» Attendu que dans l'un et dans l'autre de ces cas,
» le gendre peut recevoir la délégation des contri-
» butions de sa belle-mère; que l'esprit de la loi est
» que toute propriété doit être représentée politi-
» quement autant qu'il est possible, et qu'un individu
» ne pouvant se représenter lui-même, doit jouir de
» ce droit, par voie de délégation en la personne de
» ses enfans ou petits-enfans, et en cas d'incapacité
» de ceux-ci, par l'inscription de leur père, qui est
» leur mandataire naturel;

» Par tous ces motifs,

» La Cour, sans avoir égard à l'arrêté pris par
» M. le préfet du département du Puy-de-Dôme, en
». conseil de préfecture, le 23 mai dernier, et pro-
» nonçant définitivement, ordonne que les délé-
» gations ou cessions de contributions faites au profit
» des parties de Tailhand par les dames veuves
» Rauvier, Voualhat et Bartin, leurs belles-mères,
» par les actes authentiques des 19 et 22 mai dernier,
» seront exécutées et auront leur effet; qu'en consé-
» quence, les contributions déléguées ou cédées leur
» seront comptées pour former leur cens électoral,
» et que, par suite, leurs noms seront inscrits sur la
» liste de la première partie des jurés et électeurs;

» pour leur produire, valoir, servir et assurer tous
» les droits y attachés, le tout sans dépens. »

M. Grenier, 1er *Président*.

M. de Bonnechose, *Avocat général*.

Me. Tailhand père, *Avocat.*

26 novembre 1828. — 1re. Chambre.

Un associé peut-il réclamer, pour composer son cens
électoral, la patente acquittée par le père de son co-as-
socié ? Rés. nég.

Les patentes sont personnelles et ne peuvent servir qu'à
ceux qui les obtiennent.

Descours, C. le Prefet de la Haute-Loire.

Le sieur Descours, entrepreneur de voitures publiques au Puy, a demandé son inscription sur la
liste des électeurs-jurés, dressée pour l'exercice 1829;
il a présenté différens extraits à l'effet d'établir le
payement de 324 fr. 20 cent. pour impôts directs.

Dans cette somme était comprise celle de 66 fr.
44 cent. payée par le sieur Robert père, qui, pendant plusieurs années, a exercé la profession d'entrepreneur de voitures publiques, et qui acquittait
en cette qualité la somme de 66 fr. 44 cent. pour
patente.

Le sieur Descours prétendait s'attribuer cette
somme pour composer d'autant son cens électoral,
parce qu'il était devenu l'associé, suivant un traité
du 5 novembre 1824, du sieur Robert fils, et que
le père de ce dernier était devenu tout-à-fait étranger à l'entreprise des voitures.

Sur cette difficulté, arrêté du préfet de la Haute-
Loire, conçu en ces termes :

« Considérant que les contributions pour lesquelles le sieur Descours est imposé en son nom, aux rôles de l'exercice 1828, se portent à 257 fr. 76 cent., savoir : au Puy, 146 francs 46 cent. ; à Chandeyrolles, 101 fr. 48 cent. ; à Vals, 9 francs 82 cent. ; tandis qu'il prétend payer au contraire celle de 324 fr. 20 cent. d'après le détail suivant : à Chandeyrolles, 101 fr. 48 cent. ; à Vals, 9 francs 82 cent. ; au Puy, 146 fr. 46 cent. ; enfin au Puy, encore sur la patente du sieur Dubois-Robert père, comme étant l'associé du fils de ce dernier ; celle de 66 fr. 44 cent. Total égal, 324 fr. 20 cent.

» En ce qui concerne la somme de 66 francs 44 cent.,

» Considérant que le sieur Dubois-Robert (Louis-Gabriël) père, a exercé pendant plusieurs années les professions d'entrepreneur de voitures publiques, de marchand et fabriquant de métaux, etc., pour lesquelles il est cotisé depuis nombre d'années aux rôles des patentes, et sur celui de 1828, pour une somme de 243 fr. 60 cent. ;

» Qu'il est de notoriété publique que, jusqu'à ce jour, il n'a point cessé d'exercer une industrie quelconque, et que, nécessairement, il a été et doit être maintenu sur les rôles de patentes ;

» Considérant qu'il résulte du traité même de société du 5 novembre 1824, passé entre les sieurs Descours cadet et Dubois-Robert fils, que, d'une part, le sieur Dubois-Robert père reste totalement étranger à cette raison de commerce, et que, de l'autre, il se réserve expressément de faire valoir sa fabrique de cloches, et de toutes autres affaires qui ne font pas partie, soit du roulage, soit de l'entreprise de voitures publiques.

» Ces deux points de fait, suffisamment établis, sa-

voir, 1°. que M. Dubois-Robert père est étranger
à l'industrie comme à l'entreprise du réclamant;
2°. que le sieur Dubois-Robert père, qui est nomi-
nativement et uniquement porté au rôle de 1828,
n'a pas dû cesser d'y figurer, parce qu'il a constam-
ment exercé et exerce encore une profession quelconque, on reconnaîtra que l'on ne pourrait, sans
blesser la justice, priver ce dernier, qui est électeur,
de tout ou partie de sa patente pour l'allouer au sieur
Descours;

» Considérant que l'administration n'a point à
entrer dans les motifs qui ont pu déterminer M. Dubois-Robert père à ne point demander, depuis le
traité du 5 novembre 1824, comme il l'a fait pour
1829, une nouvelle classification de patente, ainsi
que l'y autorisait l'art. 23 de la loi du 1er. brumaire
an 7, si toutefois l'industrie qu'il exerce actuellement
ne le range pas dans la première classe du tarif an-
nexé à la loi précitée;

» Considérant qu'aux termes de l'art. 25 de la
même loi, les patentes sont personnelles et ne peuvent servir qu'à ceux qui les obtiennent;

» Que, suivant l'art. 38, nul ne peut former de
demande, ni fournir aucune exception ou défense en
justice, ni faire aucun acte ou signification par acte
extrajudiciaire pour tout ce qui est relatif à son commerce, sans avoir obtenu une patente, sous les
peines qui y sont portées; que, dans l'espèce, l'industrie du sieur Dubois-Robert père, étant entière-
ment étrangère à celle du sieur Descours et compa-
gnie, chacun d'eux doit se munir d'une patente;

» Qu'en allouant au sieur Descours la patente du
sieur Dubois-Robert père, on s'écarterait des dispositions de l'art. 25 de la loi du 1er. brumaire an 7,

et l'on établirait en même temps ; ce qui n'est pas, que ce dernier n'est point porté aux rôles des patentes ; on le priverait, contre son droit, du privilége d'exercer, pour le fait de son commerce, les actions mentionnées en l'art. 38 de la loi sus rappelée, et de s'attribuer tout ou partie de cette même patente, pour faire partie, soit du collége électoral d'arrondissement, soit du collége départemental.

» Par ces motifs,

» Le préfet, séant en conseil de préfecture, arrête ce qui suit :

« ART. 1er. Le sieur Déscours ne justifiant régulièrement que d'une contribution de 257 fr. 76 cent., ne peut être porté sur la première partie de la liste du jury, pour l'exercice 1829. »

Sur l'appel du sieur Descours,

ARRÊT.

« La Cour, déterminée par les motifs exprimés » dans l'arrêté dont est appel, dit qu'il a été bien » décidé, mal et sans cause appelé, etc. »

M. Grenier, 1er. *Président.*

M. Voysin de Gartempe, 1er. *Avocat-général.*

M^e. Salveton, *Avocat.*

---

25 juin 1829. — 1re. Chambre.

Celui qui, possédant des droits acquis pour former le cens électoral ou d'éligibilité, a négligé de les faire valoir avant la clôture annuelle des listes du jury, est-il recevable à les faire considérer comme nouvellement acquis, et à demander son inscription sur le tableau de rectification qui doit être dressé en cas d'élection, après la clôture de ces listes ? Rés. nég.

*Les centimes additionnels doivent-ils concourir à la
formation du cens électoral?* Non rés.

FAUROT. *C.* le PRÉFET de la Haute - Loire.

Le 26 novembre 1828 , le sieur Faurot-Lamothe ,
notaire à la Chaise-Dieu, adressa à M. le préfet de
la Haute-Loire une demande tendante à être inscrit
sur la première partie de la liste du jury de ce département , qui devait être formée à cette époque en exé-
cution de la loi du 2 mai 1827.

Les extraits de rôle fournis à cette époque , à l'appui de sa demande , par le sieur Faurot , portaient
le montant de ses contributions à la somme de 302 f.
68 c. , en y comprenant une somme de 10 f. 68 c. ,
pour surimposition locale de 5 c. par franc, que
payait le sieur Faurot dans la commune de Biozat
(Allier), où il était imposé pour une somme totale
de 214 f. 19 c.

Sur la demande du sieur Faurot , il intervint, le
14 décembre suivant , un arrêté de M. le préfet de la
Haute-Loire, pris en conseil de préfecture, par lequel, en considérant que de l'examen de tous les extraits de rôles produits par le sieur Faurot, il résultait
qu'il ne payait qu'une somme totale de 296 fr. 21 c.,
déduction faite , il est vrai, de la somme de 10 fr.
70 c., qu'il payait dans la commune de Biozat , pour
surimposition locale, laquelle, suivant M. le préfet ,
ne pouvait être allouée pour former le cens électoral, ainsi qu'il en avait été donné avis le 30 novembre par M. le préfet au sieur Faurot ; il fut déclaré
que ce notaire ne pouvait être porté sur la première
partie de la liste du jury, et que son nom demeurerait
inscrit sur la deuxième partie de cette liste.

Cet arrêté fut notifié au sieur Faurot , dans les délais prescrits par la loi, et il ne crut pas devoir en demander la réformation devant la Cour. Toutefois, faut-il faire observer que le sieur Faurot s'était empressé d'écrire à l'autorité pour protester formellement contre cet arrêté, avec réserve de tous ses droits.

Une ordonnance royale ayant convoqué le premier collége électoral du département de la Haute-Loire pour le 4 juillet 1829, le sieur Faurot adressa, le 7 juin même année, une demande tendante à être compris dans le tableau de rectification de la liste électorale qui devait être publiée à l'occasion de cette convocation accidentelle du collége électoral. Il joignait à cette demande six extraits du rôle général des contributions directes, qu'il a acquittés soit dans le département de la Haute-Loire, soit dans celui de l'Allier, le montant desquelles contributions se porte à une somme de 330 fr. 98 c.

Le 11 du même mois, M. le préfet, séant en conseil de préfecture, a pris un nouvel arrêté dont les motifs n'ont point été admis par la Cour, mais qui a établi en fait, que le 26 novembre 1828, et avant la clôture de la liste générale du jury pour ladite année 1828, le sieur Faurot payait, depuis plus d'une année, la somme totale de 334 fr. 98 centimes, et qu'il avait négligé, à cette époque, de faire valoir ses droits acquis d'être inscrit sur la liste dont il s'agit, puisque le montant de ses impositions s'élevait alors seulement à la somme de 302 fr. 68 c., qu'un arrêté non attaqué avait réduit à celle de 296 f. 21 c. : cet arrêté rejète de nouveau la demande du sieur Faurot.

Me Salveton, avocat de ce dernier, a soutenu que les centimes additionnels extraordinaires devaient

concourir à composer le cens électoral, et que la
jurisprudence de la Cour de cassation et celle de plusieurs autres Cours du royaume, admettaient cette
entente de la loi électorale.

C'était donc à tort que le préfet de la Haute-
Loire avait cru devoir, de son chef ne pas compren-
dre les centimes additionels payés par le sieur Faurot
dans la commune de Biozat (Allier), lors de la
composition de la première liste du jury, et qu'il y
avait lieu, dès lors, à réformer l'arrêté du 10 juin
1829, puisqu'à l'aide des élémens admis, soit par la
loi du 2 juillet 1820, soit par la jurisprudence, le
sieur Faurot se présentait avec le cens électoral fixé
par la charte.

M. le premier-avocat général, vicomte de Bastard
d'Estang, a conclu à ce que, sans qu'il soit besoin
d'examiner la question de savoir si une surimposition
locale de 5 c. pour franc (centimes extraordinaires
autorisés pour quelque cause que ce soit, au profit
des communes) peut ou non concourir à la formation du cens électoral, il soit dit que le sieur Faurot
est non recevable dans sa demande en inscription sur
le tableau de rectification, dressé par M. le préfet de
la Haute-Loire, à l'occasion de la réunion du premier collége électoral de ce département, pour le 4
juillet prochain, le sieur Faurot ayant négligé de
faire valoir, avant la clôture de la liste générale du
jury, pour l'année 1828, des droits qui lui étaient
alors acquis, et n'en ayant point acquis depuis cette
époque.

ARRÊT.

« Sur quoi, après en avoir délibéré couformé-
» ment à la loi,

» Sans s'arrêter aux motifs exprimés dans l'arrêté

» du conseil de préfecture du département de la
» Haute-Loire, en date du 11 juin présent mois,
» Et sans qu'il soit besoin d'examiner si les centi-
» mes additionnels extraordinaires peuvent concou-
» rir à composer le cens électoral fixé par la charte
» à la somme de 300 fr. ;

« Attendu que d'après les dispositions de l'art. 6
» de la loi du 2 mai 1827 et de l'art. 22 de la loi du 2
» juillet 1828, la partie de Salveton (le sieur Faurot)
» n'aurait pu être portée sur la liste de rectification
» à laquelle peut ou doit donner lieu la convocation
» du collége électoral de l'arrondissement du Puy
» pour le 4 juillet prochain, qu'autant que ladite
» partie aurait réclamé auprès de l'autorité admi-
» nistrative pour des droits qui lui auraient été ac-
» quis depuis la clôture de la liste des jurés, tandis
» qu'elle n'a à réclamer le droit de voter qu'en ver-
» tu de droits qui lui étaient acquis avant la clôture
» de ladite liste ;

» Attendu que la partie de Salveton (le sieur
» Faurot) n'a pas fait valoir ses droits en temps
» utile, et qu'elle n'est pas recevable dans la demande
» tendante à être comprise dans la liste du collége
» électoral dudit arrondissement ;

» Par ces motifs, la Cour maintient l'arrêté du
» conseil de préfecture du département de la Haute-
» Loire, et ordonne qu'il sera exécuté suivant sa
» forme et teneur, sans dépens.

M. Archon-Despérouses, *Président.*
M. De Bonnechose, *Avocat-général.*
Mᶜ. Salveton, *Avocat.*

24 août 1829. — 1ʳᵉ. Chambre.

1º. *La décision du préfet, lors de la révision générale de la liste, à partir du 1ᵉʳ. juillet, est purement
provisoire. (Art. 5, 6, 7, 8, loi du 2 juillet 1828.)*
2º. *L'électeur qui croit avoir à se plaindre de cette
décision , doit se pourvoir devant le conseil de préfecture , présidé par le préfet.*

*En portant son action devant la Cour royale , il
forme une demande prématurée.*

*La Cour royale ne connaît que du pourvoi contre la
décision du conseil de préfecture , présidé par le préfet.*

BERTHIER, C. le PREFET de la Haute-Loire.

Par arrêté du 26 juillet 1829 , le préfet de la
Haute-Loire a retranché de la liste électorale, pour
l'année 1830, le nom du sieur Berthier, en se fon-
dant sur ce que cet électeur n'atteignait plus le cens
électoral , et a ordonné qu'il serait seulement compris sur la deuxième partie de la liste qui devait être
affichée le 5 août suivant, en sa qualité de notaire.

Acte d'appel du 12 août par le sieur Berthier ,
mais, il ne se présente pas devant la Cour pour soutenir cet appel.

ARRÊT.

« Attendu que Berthier, ni personne pour lui ,
» ne se présente pour soutenir son appel ;

» Attendu que d'après les dispositions des art. 6 ,
» 7 et 8 de la loi du 2 juillet 1828, la décision du
» préfet est purement *provisoire ;* que tout individu
» qui croit avoir à s'en plaindre, doit , d'après les
» articles 11 , 12 et 14 de la même loi, se pourvoir
» devant le conseil de préfecture, présidé par le pré-
» fet , et que ce n'est que contre cette dernière

» décision qu'il y a lieu à action devant la Cour
» royale, conformément à l'art. 18 ;

» Attendu que le sieur Berthier a, par acte du
» 12 août 1829, donné assignation à M. le préfet de
» la Haute-Loire, pour voir infirmer par la Cour,
» la décision du 26 juillet précédent, au lieu de pré-
» senter sa réclamation devant le conseil de préfec-
» ture , conformément aux articles 11 et 14 de la
» loi du 2 juillet 1828 ; que, par conséquent, sa
» demande ainsi formée est prématurée.

» Par ces motifs,

» La Cour déclare Berthier non recevable dans
» son appel, et le renvoie à se pourvoir ainsi qu'il
» avisera, le tout sans dépens. »

M. Grenier, 1er. *Président.*

M. de la Boulie, *Avocat-général.*

9 Juin 1830. — 1re Chambre.

1°. *Le citoyen qui réunissait au 30 septembre 1829
les qualités nécessaires pour être électeur, mais qui ayant
négligé de réclamer, a encouru la déchéance à cette
époque, peut-il, dans le cas de la convocation des colléges électoraux, prévu par le troisième paragraphe de
l'article 22 de la loi du 2 juillet 1828, se faire inscrire
sur le tableau de rectification ?* Rés. nég.

*En d'autres termes, la loi du 2 juillet 1828 a-t-elle
abrogé virtuellement la loi du 2 mai 1827 ?* Rés. nég.

2°. *Le fait de la formation d'une demande en inscription sur la liste générale et de présentation de pièces à
l'appui, ne peut être établi que par un récépissé émané
des bureaux du préfet. (Art. 10. Loi du 2 juillet 1828.)*

*Le sous-préfet est, à cet égard, une autorité incom-
pétente; la note écrite de sa main sans indication de*

la date, sur certaines pièces que l'électeur prétend avoir produites avant le 30 septembre, est irrégulière *dans le sens de la loi de 1828 ; elle peut également être considérée comme* insuffisante *, d'après les élémens du procès.*

DUCHÉ-PEIGUE, *C.* le PREFET du Puy-de-Dôme.

Le 11 juillet 1828, est décédé en la ville de Riom, le sieur Peigue, laissant pour seule et unique héritière demoiselle Jeanne-Françoise Peigue, épouse du sieur François Duché, banquier en la même ville.

Le sieur Peigue était imposé, soit pour contributions foncières, soit pour contributions personnelles, patentes, etc. à la somme de 342 fr. 78 cent.

Le sieur Duché, son gendre, pouvait, en 1829, composer son cens électoral de cette somme ; il remplissait en outre les autres conditions sous les rapports du domicile, de l'exercice des droits civils et politiques, et de l'âge.

Au mois de septembre de l'année 1829, le sieur François Duché présenta à la sous-préfecture de Riom les extraits des contributions s'élevant à la somme ci-dessus indiquée de 342 fr. 78 cent ; ces extraits étaient légalisés par le maire et le sous-préfet.

Le sieur Duché demandait à être inscrit sur la liste électorale qui se formait alors : Il n'y fut pas admis.

L'ordonnance royale du 16 mai 1830, portant dissolution de la chambre des députés et convocation des colléges électoraux pour les 23 juin et 31 juillet est publiée ; les listes électorales sont affichées. Le premier tableau de rectification paraît : le sieur Duché s'aperçoit qu'il n'y est pas porté.

Il se rend à la sous-préfecture de Riom ; il rap-

pelle le dépôt de ses extraits faits par lui en septembre 1829 ; on cherche dans les cartons et on les
trouve avec une note écrite par M. le sous-préfet,
et y annexée.

Cette note était ainsi conçue :

« Faire observer à M. Duché-Peigue que ces ex-
» traits ne lui serviront qu'autant qu'il y joindra les
» pièces qui établissent que les contributions de
» M. Peigue sont à lui, son acte de décès, etc. »

On remet le tout au sieur Duché, qui s'en servait
devant la Cour pour justifier à la fois ce dépôt, fait
avant le 30 septembre 1829, et son intention manifestée d'être porté sur la liste électorale ; il soutenait,
d'ailleurs, que s'il n'avait pas été admis sur la liste
générale et annuelle, ce ne pouvait être que par un
défaut de justification de pièces à l'appui qu'il n'avait
pas faite, mais qu'aucun avis ou avertissement de
l'autorité ne lui avait appris être nécessaire.

Quoiqu'il en soit, le sieur Duché, après avoir retiré de nouveaux extraits pour l'année 1830, dûment
légalisés, a, le 26 mai dernier, produit à la préfecture lesdits extraits s'élevant à la somme de 308 fr.
18 cent., son acte de naissance, l'acte de décès du
sieur Peigue, son beau-père, et il a demandé à être
porté sur le tableau de rectification.

Le 28 mai, M. le préfet, en conseil de préfecture,
rend la décision suivante :

« Vu la demande, etc.

« Considérant que le sieur Duché, d'après les
» pièces produites, est âgé d'environ 40 ans, et
» paye 308 fr. 18 cent. de contributions directes,
» mais rien ne justifiant que les droits *ne fussent déjà*
» *acquis antérieurement à la publication de la liste*
» *générale du* 30 *septembre* 1829, il ne peut pas être

» inscrit aujourd'hui sur le tableau de rectification
» qui ne doit porter que sur les droits acquis ou
» perdus depuis la publication de la liste générale.

« Arrête : La demande du sieur François Duché-
» Peigue est rejetée ; etc. »

Le 1er. juin, cet arrêté est signifié au sieur Duché,
qui , le 3 du même mois , en a interjeté appel.

Après le rapport de M. Gerzat, conseiller en la
Cour, Me. Tailhand père , ancien avocat , a présenté
tous les moyens propres à justifier la demande du
sieur Duché.

Il a d'abord fixé l'attention des magistrats sur l'en-
semble de la législation en matière électorale , sur
l'entente de cette législation , d'après les discours
des différens orateurs de la chambre , et , s'arrêtant
plus spécialement sur la loi du 2 juillet 1828, il a
cru y retrouver l'abrogation virtuelle de l'art. 6 de
la loi du 2 mai 1827.

Les monumens assez nombreux de la jurisprudence , et notamment les arrêts rendus par la Cour
de Paris, le 29 mai , et par la Cour d'Angers , en
audience solennelle, le 3 du même mois, donnaient
la plus grande force à ce système de défense.

Me. Tailhand père, en déduisait ces conséquences :
c'est qu'en considérant la position du sieur Duché,
sous le rapport des principes, il n'avait pu être for-
clos du droit de produire ses pièces justificatives , et
de demander à être inscrit au rang des électeurs dès
le jour où l'ordonnance de dissolution de la chambre
est venu rouvrir , pour tout individu omis , le droit
de réclamer son inscription sur la liste additionnelle
ou de rectification.

Tel devait être le résultat de la combinaison des
art. 11, 12 et 22 de la loi du 2 juillet 1828.

_Si , au contraire, il fallait envisager la position
du sieur Duché en point de fait, il serait facile de
reconnaître qu'il avait réellement produit les pièces
justificatives de son cens électoral avant le 3o septembre 1829 , ainsi qu'il était démontré par les extraits certifiés et visés par le maire et le sous-préfet
de Riom , les 11 et 24 septembre 1829.

La note y annexée et écrite de la main du sous-
préfet, témoignait évidemment de ce dépôt de pièces
à la même époque ; et, dans tous les cas, le sieur
Duché ne pouvait être victime d'une omission ou
négligence qui ne procédait pas de son fait.

M. de la Boulie , 1er. avocat-général, a défendu
avec habileté l'arrêté du préfet ; ses raisonnemens
nombreux se puisaient, comme ceux de l'avocat du
sieur Duché, dans tous les matériaux existans sur la
législation électorale ; mais comme des élémens plus
ou moins appropriés à chaque système , devaient
être principalement et respectivement invoqués ; il
fallait donc , au milieu des débats législatifs , et dans
les dispositions sainement entendues des différentes
lois sur le jury et les listes électorales , retrouver
la pensée vraie et dominante du législateur , la saisir
dans ses diverses expressions , et repousser l'abrogation virtuelle qu'on supposait à la loi du 2 juillet 1828.

M. l'avocat-général a , sous tous ces points de vue,
rempli la tâche imposée au ministère public , celle
de jeter la lumière dans une discussion embarrassée ,
et de justifier , par la force de la logique et la vérité
d'application aux lois de la matière , l'opinion qu'il
croyait devoir embrasser.

M. l'avocat-général, après avoir rappelé plusieurs
arrêts de la Cour de cassation et de cours royales ,
a également examiné quel devait être l'effet de la note

écrite de la main du sous-préfet, sur certaines pièces que le sieur Duché prétendait avoir produites en septembre 1829.

Ce magistrat a démontré que ce dépôt n'aurait pu être établi régulièrement que par un récépissé du préfet.

Au surplus, la note rapportée n'indiquait aucune date, et les pièces qui y étaient jointes prouvaient suffisamment que ce n'est ‘qu'en 1830 que le sieur Duché avait retiré son acte de naissance.

ARRÊT.

« En ce qui touche le moyen opposé par le sieur
» Duché - Peigue, et qu'il fait résulter de ce que,
» selon lui, il aurait formé sa demande et même
» présenté les pièces à l'appui, avant le 1er. oc-
» tobre 1829,

» Considérant que ce fait de la formation de de-
» mande et présentation de pièces à l'appui n'est
» nullement établi, ou qu'au moins, cette formation
» de demande et cette présentation de pièces seraient
» absolument irrégulières et insuffisantes.

» *Irrégulières*, en ce que le sieur Duché ne se
» serait pas pourvu, pour ces deux objets, à la pré-
» fecture du département, mais bien devant M. le
» sous-préfet de Riom, qui devenait à cet égard une
» autorité incompétente.

» *Insuffisantes*, en ce que la note même de M. le
» sous-préfet de l'arrondissement de Riom, dont
» argumente le sieur Duché, prouve que celui-ci
» n'avait pas produit en temps utile les pièces né-
» cessaires à l'appui de sa prétention, et notamment
» l'acte de décès du sieur Peigue, son beau - père,
» et l'acte de naissance dudit sieur Duché-Peigue,

» puisque l'extrait qu'il a rapporté, dans la suite, de
» cet acte de naissance, se trouve daté seulement
» du 25 mai 1830.

» En ce qui touche le fond,

» Attendu qu'il résulte des dispositions combinées
» des articles 6 de la loi du 2 mai 1827, et 22 de
» la loi du 2 juillet 1828, que les individus qui ont
» négligé de réclamer leur inscription sur la liste
» des électeurs, quoiqu'ils eussent des droits acquis
» avant la clôture fixée au 30 septembre de chaque
» année, sont déchus de l'exercice du droit d'élec-
» teur jusqu'à la révision générale et annuelle des
» listes électorales;

» Et attendu que le sieur Duché-Peigue se trouve
» dans le cas de cette déchéance.

» Par tous ces motifs,

» La Cour maintient l'arrêté de M. le préfet du
» département du Puy-de-Dôme, du 28 mai 1830,
» lequel sera exécuté selon sa forme et teneur, sans
» dépens. »

M. Grenier, 1er *Président.*

M. de la Boulie, 1er. *Avocat-général.*

Me. Tailhand père, *Avocat.*

9 Juin 1830. — 1re Chambre.

1º. *Le droit nouveau qui rend habile l'électeur à être
inscrit sur le tableau de rectification, doit être ap-
puyé de toutes les pieces justificatives (article* 11,
loi de 1828.)

2º. *Ce droit nouveau est une exception à l'ordre établi par la liste générale close au* 30 *septembre.*

*L'individu qui réclame la faveur de l'exception doit la
prouver en tous points. Le préfet n'a rien à prouver.*

DAYAT, *C.* le PREFET de l'Allier.

ARRÊT.

« Considérant qu'il n'y a que ceux qui ont acquis
» le droit d'être inscrits comme électeurs, depuis le
» 3o septembre, jour de la clôture de la liste élec-
» torale, qui puissent réclamer leur inscription sur
» le tableau de rectification accidentelle ;

» Considérant, dès lors, que c'est à celui qui ré-
» clame son inscription sur le tableau de rectification,
» à prouver qu'il est dans l'exception dans laquelle il
» veut se placer, et que le défaut de cette justification
» autorise les préfets à refuser l'inscription demandée.

» Par ces motifs,

» La Cour maintient la décision de M. le préfet
» de l'Allier, dont il s'agit, etc., laquelle sera exécu-
» tée selon sa forme et teneur, sans dépens. »

M. Grenier, 1er. *Président.*
M. de la Boulie, *Avocat-général.*
Me. Salveton, *Avocat.*

~~~~~~~~~~

10 Juin 183o. — 1re Chambre.

1°. *La demande en inscription sur la liste de rectification, à raison de droits nouvellement acquis, doit être
appuyée de toutes les pièces justificatives.* (article 11,
loi du 2 *juillet* 1828.)

*On ne peut produire, devant la Cour, des pièces qui
n'ont pas été présentées au préfet.*

2°. *En fait, l'individu qui n'était pas électeur en* 1829,
*et qui, par suite d'augmentation sur les contributions
foncières de sa commune, a atteint, en* 183o, *le cens
électoral, doit prouver devant le préfet, pour être inscrit*

*sur la liste de rectification, et son incapacité électorale
en 1829, et sa capacité électorale en 1830.*

*Ce n'est pas dans l'un de ces cas, prouver un fait
négatif, car les deux situations s'établissent par le rapport des extraits d'impôts pour les deux années.*

FARCHEON, *C.* le PREFET de l'Allier.

Le sieur Annet Fargheon, propriétaire à Chantelle, ne payait pas, en l'année 1829, une somme
suffisante pour réclamer l'exercice des droits de l'électeur ; il n'acquittait alors pour tous ses impôts que
la somme de 241 fr. 13 cent.

Au 1er. janvier 1830, les contributions foncières
de la commune de Chantelle sont considérablement
augmentées, et le sieur Fargheon est indiqué sur le
rôle des contributions pour la somme de 301 francs
61 centimes.

L'ordonnance du Roi, en date du 16 mai, portant
dissolution de la chambre et convocation des colléges
électoraux est publiée ; le sieur Fargheon se met en
mesure vis-à-vis l'administration ; il produit, le
20 mai, un extrait du rôle des contributions de
l'année 1830, dûment légalisé par le maire, qui cer-
tifie la possession annale, et il demande à être inscrit
sur le tableau de rectification.

Le préfet, en conseil de préfecture, rejète cette
demande par arrêté du 27 mai.

« Considérant, est-il dit dans cet arrêté, que le
» sieur Fargheon n'a pas justifié qu'il n'avait pas en-
» couru la forclusion, c'est-à-dire, qu'à l'époque du
» 30 septembre 1829, il ne payait réellement pas,
» et depuis un an sans interruption, le cens voulu
» par l'art. 1er. de la loi du 5 février 1817. »

Appel.

4

Mᵉ. Tailhand fils, avocat, excipait, en faveur du sieur Fargheon, d'un droit nouvellement acquis en 1830 ; et prétendait qu'aucune forclusion n'avait pu lui être opposée.

L'arrêté du préfet reposait sur une simple présomption, c'est qu'en 1829 le sieur Fargheon avait dû payer la même quotité d'impôts qu'en 1830 ; mais cette présomption, insuffisante pour écarter une demande appuyée d'élémens probans, était écartée par la production du certificat du maire, en date du 31 mai, constatant que l'augmentation des contributions foncières de la commune de Chantelle, avait donné naissance, seulement en 1830, à un cens électoral qui n'existait pas antérieurement.

Ce certificat n'avait pas été produit, il est vrai, devant M. le préfet, mais il eût été inutile de le présenter, parce que ce fonctionnaire avait par-devers lui et dans ses bureaux, les moyens de reconnaître facilement la différence des quotités d'impôts pour l'année actuelle et celle qui l'avait précédée.

Que devait donc faire l'électeur auquel un droit nouveau compétait ? C'était de justifier ce droit nouveau par le rapport de l'extrait des contributions de l'année ; toute autre preuve était superflue devant le préfet, et ce n'était que devant la Cour, et pour établir l'erreur de l'autorité administrative, que l'électeur devait s'entourer à la fois des pièces justificatives de son droit nouveau, et des pièces démonstratives de l'incapacité *ancienne*.

S'il en était autrement, il faudrait donner à la loi de 1828 un sens qui ne lui appartient pas ; il faudrait restreindre la compétence des Cours royales, et porter ainsi l'atteinte la plus nuisible aux droits des parties.

Ne serait-ce même pas livrer quelquefois l'appré-
ciation des capacités électorales au pouvoir discrétio-
naire des préfets ?

Les magistrats doivent permettre , devant eux,
tous les développemens propres à justifier les droits
de l'électeur ; et , dans aucun cas , ils ne sauraient
considérer comme *pièce nouvelle* , un document qui
détruit non un fait impossible à connaître au moment de la décision du préfet , mais une simple présomption légérement admise par l'autorité, et qui ne
s'appuyait d'ailleurs sur aucune pièce.

M. l'avocat-général , en fixant l'attention de la
Cour sur les dispositions sainement entendues de la
loi du 2 juillet 1828 , a cru y retrouver la solution
de la question soulevée par le sieur Fargheon.

La demande de cet électeur devait , aux termes de
l'article 11 de la loi du 2 juillet 1828 , être appuyée
des pièces justificatives.

Quelles étaient ces pièces? Elles devaient se composer , 1°. de l'extrait des contributions pour 1830 ,
c'est l'extrait produit devant le préfet; 2°. de l'extrait
des contributions pour 1829; c'est la pièce présentée
seulement devant la Cour.

La comparaison des deux extraits aurait attesté à
l'autorité qu'un droit nouveau avait été acquis , et
permettait à l'électeur de 1830, de se faire inscrire
sur le tableau de rectification.

Telle n'a pas été la marche suivie par le sieur Fargheon. Il s'est contenté de rapporter l'extrait de 1830,
et le préfet a dû , sur le vu de cette seule pièce , décider qu'il y avait forclusion encourue , puisqu'on ne
lui prouvait pas qu'en l'année 1829 on ne payait pas
le cens électoral ; ce n'était pas là une preuve néga-
tive , c'était seulement la démonstration d'une inca-

pacité, par la preuve du payement exact des impôts de l'année 1829.

Le certificat du maire, attestant l'augmentation des contributions dans la commune de Chantelle, pour l'année 1830, et expliquant ainsi le changement de position du sieur Fargheon, est une *pièce nouvelle* qui n'ayant pas été connue du préfet, ne peut être soumise à l'examen de la Cour.

M. l'avocat général appuyait ce système de l'autorité d'un arrêt de la Cour de cassation du 22 février 1830.

ARRÊT.

« Attendu qu'il résulte des dispositions des ar-
» ticles 10 et 11 de la loi du 2 juillet 1828, que les
» électeurs qui réclament leur inscription, doivent
» produire leurs pièces justificatives devant M. le
» préfet, jugeant en conseil de préfecture ; que le
» recours ouvert devant la Cour royale est une ga-
» rantie donnée uniquement pour que le l'électeur
» qui se prétend lésé dans ses droits, puisse faire
» apprécier la décision du préfet ; que pour appré-
» cier cette décision, on ne peut pas l'écarter des
» élémens qui lui ont été soumis ;

» Attendu que le 27 mai dernier, le sieur Far-
» gheon n'avait point établi que ces droits n'étaient
» acquis que depuis la clôture de la liste générale
» qui a eu lieu le 30 septembre 1829 ; que les pièces
» qu'il a produites le 31 mai dernier ne peuvent
» être soumises à l'examen de la Cour.

» Par ces motifs,

» La Cour maintient l'arrêté de M. le préfet de
» l'Allier, etc. »

M. Grenier, 1er. *Président.*

M. de la Boulie, *Avocat-général.*

Me. Tailhand fils, *Avocat.*

10 Juin 1830. — 1re. Chambre.

1°. *En matière électorale, la contribution personnelle et mobilière du père, peut-elle être comptée aux enfans, ?* Rés. nég.

2°. *L'héritier est habile à faire valoir, dès l'instant du décès de son auteur, les droits électoraux de celui-ci, à titre successif.*

ROMEUF, *C.* Le PRÉFET de la Haute-Loire.

Le sieur Jacques Romeuf, habitant à Pauliaguet (Haute-Loire), est décédé le 7 septembre 1829.

Jean-Jacques Romeuf, son fils, ne se présente pas à cette époque, comme il en avait le droit, pour être inscrit sur la liste générale ; ce n'est qu'en mai 1830, et par suite de la nouvelle convocation des colléges électoraux, qu'il a produit des pièces devant le préfet de la Haute-Loire : et comme à cette époque, les impôts fonciers n'étaient pas suffisans pour atteindre le cens électoral, le sieur Romeuf fils y a compris la cote mobilière et personnelle de son père ; il s'en prévalait comme d'un *droit acquis*, et demandait à être inscrit sur la liste de rectification.

Le préfet, par arrêté du 29 mai, a rejeté cette demande, en indiquant comme motif, que la cote mobilière et personnelle du père, ne pouvait être comptée à l'enfant, et que si l'on déduisait des impôts reconnus au sieur Romeuf fils, cette double cote, le cens électoral n'existait plus.

Appel devant la Cour.

On a soutenu, dans l'intérêt du sieur Romeuf fils, qu'il payait 301 fr. d'impôts, dans lesquels était comprise, il est vrai, la cote *mobilière* du père, mais non celle qui était *personnelle* à ce dernier.

Il fallait établir une distinction, que la différence

du nom seul de chaque cote, devait faire naturelle-
ment présenter.

La cote *personnelle* cesse avec l'imposable lui-
même, mais la cote *mobilière* lui survit ; elle conti-
nue de frapper sur les meubles qui sont toujours
présens, et n'en restent pas moins imposés ; cette
dernière cote peut donc être comptée à l'enfant, elle
est pour lui un droit *acquis.*

Vainement objecterait-on que le sieur Romeuf
père étant décédé le 7 septembre 1829, le fils devait
réclamer, à peine de déchéance, avant le 3o du même
mois ?

Cet argument est facilement écarté par les principes généraux en matière de succession. L'héritier a
4o jours pour délibérer sur l'acceptation ou renon-
ciation de la succession de son auteur ; cette dispo-
sition de droit commun n'est pas éteinte par la législation électorale ; car, s'il en était autrement, on
obligerait souvent un enfant à faire un acte préma-
turé et dangereux par ses conséquences, à l'occasion
d'une succession souvent embarrassée.

Ici, le délai de 4o jours n'était pas expiré, et ce
n'est qu'après le 3o septembre seulement, que le
sieur Romeuf fils a été habile à se prononcer définitivement sur la qualité qu'il entendait prendre ; c'est
là ce qui explique et justifie sa demande en inscription sur la liste de rectification.

M. l'avocat-général a fait remarquer que la cote
mobilière payée par le père, ne pouvait servir à
l'enfant ; elle dépend de la richesse de celui sur la
tête duquel elle repose, et se divise après le décès,
entre les héritiers ; cette cote est inhérente à la personne, elle est due par l'imposable personnelle-

ment, c est ce qui résulte des termes exprès de la
loi du 3 nivôse an 7.

Quant à la faculté de délibérer, invoquée par le
sieur Romeuf, et dont le délai n'était pas encore
expiré au 30 septembre, elle ne pouvait recevoir
aucune application, dans les termes mêmes du
droit commun ;

En effet l'héritier, en règle générale, a un droit
acquis au moment du décès de son auteur ; la renon-
ciation à la succession du défunt ne se présume pas ;
tansdis que le principe, *le mort saisit le vif*, est toujours entier, toujours vivant, à moins d'acte contraire et probant. Si la loi accorde un choix d'acceptation ou de répudiation, et un délai pour le
manifester, c'est seulement dans l'intérêt de l'héritier.

Ainsi, le sieur Romeuf a eu un droit acquis à la
mort de son père, il est devenu propriétaire de ses
biens et de ses impôts ; il devait produire ses pièces
justificatives avant le 30 septembre ; et, à défaut
de cette production, la déchéance a été encourue
et valablement prononcée.

ARRÊT.

« Attendu que le sieur Romeuf était héritier de
» son père depuis le 7 septembre 1829 ; que dès-
» lors, il a dû faire valoir les droits dont il était
» saisi, à titre successif.

» En ce qui touche la cote personnelle et mo-
» bilière de Jacques Romeuf son père, qu'il vou-
» drait faire figurer dans son cens ;

» Attendu que ces deux impôts, purement per-
» sonnels audit Romeuf père, ne représentent rien,
» et qu'ils sont seulement une dette de la succession.

» **Par ces motifs, la Cour maintient l'arrêté de**
» **M. le préfet de la Haute-Loire, etc.**

M. Grenier, 1er *Président.*

M. de la Boulie, *Avocat-général.*

Me. Salveton, *Avocat.*

Nota. Il y a sur la première question, et dans le même sens, un arrêt de la Cour de Rennes, en date du 10 février 1829, Favard, page 92.

<hr/>

10 Juin 1830. — 1re. Chambre.

Si le maire a oublié *de constater, par un certificat produit devant le préfet, la possession annale, peut il, devant la Cour, attester à la fois l'omission involontairement commise, et l'existence réelle de la possession annale ?* Rés. nég.

En d'autres termes, le certificat n'ayant pour but que de réparer une omission uniquement propre au maire, doit - il être considéré comme une pièce nouvelle ? Rés. aff.

THONIER, *C.* le PREFET de l'Allier.

Le sieur Thonier paye dans le département de l'Allier, la somme de 1,082 fr. pour ses impôts fonciers, personnels ou mobiliers.

Il produit, devant le préfet, des pièces régulières pour la somme de 877 fr.; mais sur l'un des extraits ou relevés d'impôts relatifs au surplus, c'est-à-dire, à la somme de 205 fr., le maire avait *oublié* de constater, en termes exprès, la possession annale des biens imposés pour cette somme de 205 francs. Les employés de la préfecture examinent assez légèrement les différens extraits relatifs à la demande du sieur Thonier, et reconnaissant que la possession annale n'était pas établie pour certains biens, sans vérifier si elle l'était pour certains autres ; ils écrivent indistinctent le mot *rejeté* sur le dossier dudit sieur Thonier.

Le préfet, en conseil de préfecture , s'arrêtant seulement à l'indication inexacte de ses employés , raye purement et simplement le sieur Thonier.

Appel de l'arrêté qui était sous la date du 27 mai.

Me. Salveton , avocat du sieur Thonier, établissait, devant la Cour , que les pièces produites au préfet de l'Allier étaient régulières en tous points , jusqu'à concurrence de la somme de 877 fr., et qué , sous ce rapport, il y avait eu erreur en n'inscrivant pas l'appelant sur la liste électorale pour cette quotité d'impôts.

Quant aux 205 fr. frappant sur d'autres biens ,' le maire avait, il est vrai, oublié de constater, à la suite de l'extrait délivré par le percepteur, la possession annale ; mais cette pièce, d'abord irrégulière par la faute seule d'un fonctionnaire, et indépendamment du fait de l'électeur, pourrait, en tout état de cause , être régularisée. C'est en effet ce qui avait eu lieu après l'arrêté du préfet.

On rapportait un certificat du 31 mai, attestant , de la part du maire, que la possession annale existait, et que c'était par oubli seulement que ce fait n'avait pas été d'abord rappelé.

Ainsi, il s'agissait aujourd'hui, non de produire des pièces nouvelles, mais de réparer une omission, et le motif, qui d'abord avait empêché le préfet d'effectuer l'inscription , n'existant plus par le rapport de titres réguliers, l'arrêté ne devait plus former obstacle à la demande du sieur Thonier.

M. l'avocat-général pensait, en principe, qu'aucune

pièce nouvelle ne peut être produite devant la Cour,
afin de faire rectifier l'arrêté du préfet.

La pièce *régularisée* était elle-même une pièce nouvelle, car la possession annale n'était pas prouvée
devant le préfet; et si elle est établie devant la Cour,
elle n'a pu l'être que par une pièce postérieure à
l'arrêté, et, par suite, se présentant comme nouvelle.

Cette entente de la loi est sans doute rigoureuse,
mais l'électeur doit s'imputer à négligence de n'avoir
pas vérifié si le certificat délivré par le maire était
régulier. Si les droits des citoyens sont importans,
il faut aussi reconnaître que les formalités et obliga-
tions attachées à leur exercice, doivent être stricte-
ment remplies.

M. l'avocat-général n'élevait, d'ailleurs, aucune
difficulté en ce qui touchait l'inscription pour la
somme de 877 fr.

ARRÊT.

« Attendu que le sieur Thonier a présenté devant
» le préfet, jugeant en conseil de préfecture, un ex-
» trait signé du sieur Bertrand, maire de la commune
» de St.-Cernin, dans lequel la possession annale
» n'était pas constatée;

» Que, vainement, le maire a certifié plus tard
» que c'était par erreur de sa part que cette omis-
» sion avait eu lieu, puisque M. le préfet a dû juger
» sur les pièces dans l'état où elles lui ont été pré-
» sentées;

» Mais attendu que le sieur Thonier justifie d'un
» grand nombre d'extraits en forme qui ont été
» soumis au conseil de préfecture, et que c'est mal
» à propos qu'il a été rayé purement et simple-
» ment.

» Par ces motifs,

» La Cour, sans s'arrêter quant à ce, à l'arrêté
» de M. le préfet, du 27 mai dernier, ordonne que
» Thonier sera inscrit sur la liste électorale pour
» les impositions des communes des Deux-Chaises,
» de Rolle, Bussière, etc., art. 23, dont la preuve
» est produite en forme, lesquelles impositions
» s'élèvent en total à 877 fr. 58 cent.

» Maintient l'arrêté du préfet en ce qu'il a rejeté
» la somme de 206 francs 50 cent., portée en l'ar-
» ticle 126 du rôle de la commune de St.-Cernin,
» sans dépens. »

M. Grenier, 1er. *Président.*

M. de la Boulie, *Avocat-général.*

Me. Salveton, *Avocat.*

Nota. Arrêts contraires de Pau, des 3 et 16 dé-
cembres 1828; Favard, page 222.

~~~~~~~~~~~~

10 Juin 1830. — 1re. Chambre.

1º. *Les contributions locales ou centimes additionnels,
doivent-ils être compris dans le cens électoral ?* Rés. aff.

2º. *L'électeur dont les centimes additionnels ont été
rejetés au 8 septembre 1829, par l'assemblée cantonnale, et ce, à raison de la jurisprudence et des instructions alors existantes, peut-il, cette jurisprudence
et ces instructions ayant changé, demander son inscription sur la liste de rectification ?* Rés. nég.

3º. *Ne devait-il pas, au contraire, sans s'arrêter au
rejet de l'assemblée cantonale, épuiser tous les degrés
de juridiction, afin d'éviter la déchéance acquise au
30 septembre 1829 ?* Rés. aff.

En d'autres termes, *faut-il considérer comme un
droit* nouvellement acquis, *celui qui résulte d'un changement de jurisprudence ?* Rés. nég.

BONJEAN, *C.* le PREFET du Puy-de-Dôme.

Le sieur Bonjean paye la somme de 3o2 francs 77 cent. pour impôts assis dans la commune de Pontgibaud ou dans celle de Bromont.

Cette somme comprend celle de 15 fr. 83 cent. pour contributions locales ou centimes addition-nels.

Dès les premiers jours de septembre 1829, les maires se réunissent à l'effet de faire un travail pré-paratoire, et rejètent les centimes additionnels por-tés par le sieur Bonjean pour composer son cens électoral; il faut dire qu'une ordonnance du 6 avril 1821, et les instructions particulières du préfet, défendaient d'admettre dans le cens électoral, les centimes locaux qui ne présentaient qu'un caractère transitoire, et devaient être considérés moins comme un impôt, que comme une subvention momen-tanée.

Cette jurisprudence s'est maintenue jusqu'en 1828, époque à laquelle la divergence d'opinions et de dé-cisions judiciaires s'est manifestée, et a donné lieu à deux arrêts de la Cour de cassation du 23 juin 1829, qui ont reconnu et proclamé l'admissibilité des centimes additionnels dans le cens électoral.

Le sieur Bonjean, au moment de la réunion can-tonnale, ignorait le changement de jurisprudence; il crut devoir respecter les dispositions de l'ordon-nance de 1821, et celles renfermées dans les ins-tructions adressées par le préfet aux maires; il ne se pourvut pas contre le rejet de ses centimes locaux, et, par suite, ne fut pas inscrit sur la liste close au 3o septembre 1829.

Depuis, l'ordonnance du Roi ayant appelé la con-

vocation de nouveaux colléges électoraux , le sieur
Bonjean a produit, le 28 mai 1830, devant le préfet,
les extraits des mêmes impôts qu'il payait en 1829.

Le préfet lui a opposé que ses droits, soit pour
impôt *pricipal*, soit pour *centimes additionnels*, étaient
acquis au 30 septembre 1829, et qu'à défaut de production en temps utile, il avait encouru la forclusion.

Appel de l'arrêté.

Mᵉ. Rouher expose , dans l'intérêt du sieur Bonjean , quelle était sa position au jour de l'assemblée
cantonnale ; une ordonnance défendait de com-
prendre les centimes locaux dans le cens électoral;
les instructions du préfet étant précises sur ce point,
elles renfermaient la prohibition la plus formelle ,
et plaçaient les maires dans la nécessité de les exé-
cuter.

Un certificat signé du maire de Pontgibaud, et
rapporté devant la Cour, établissait la réalité des
prescriptions imposées , à cet égard , aux autorités
inférieures , et l'obligation par elles de ne pas s'en
écarter, même en l'année 1829.

Si à cette époque la jurisprudence avait changé ,
si la Cour de cassation avait elle-même forcé l'administration à donner de nouvelles instructions ,
faudra-t-il que l'électeur en éprouve le préjudice, et
ne puisse jamais profiter du bénéfice de la variation
de la jurisprudence?

La chance ne saurait, sans doute, tourner seulement contre les droits d'ailleurs si importans de
l'électeur, qui doit retrouver dans le préfet , ou dans
son administration , non un ennemi à combattre ,
mais un protecteur à réclamer.

Ainsi, le droit du sieur Bonjean a été, en 1830 ,

un droit nouvellement acquis, un droit qui était encore litigieux en 1829, et qu'il a pu faire valoir pour
être inscrit sur le tableau de rectification.

L'article 6 de la loi de 1827 ne saurait donc lui
être applicable, en ce qu'elle ne frappe de déchéance
que des droits anciens, et non mis en exercice avant
le 30 septembre 1829.

M. de la Boulie, avocat-général, fait remarquer
que les moyens de décider facilement la question, se
réduisent à la poser d'une manière simple et nette.

Peut-on considérer comme un droit *nouvellement
acquis*, un droit qui résulte d'un changement de jurisprudence ?

Telle est la question du procès. C'est déjà la ré-
soudre que de la ramener à ces termes.

Le sieur Bonjean, loin de suivre tous les degrés de
juridiction, s'est arrêté à la simple déclaration d'une
assemblée cantonnale, dont le travail n'est que pré-
paratoire. Il est vrai que le préfet ayant donné des
instructions ne pouvait se démentir lui-même ; mais
la Cour aurait pu être appelée à se prononcer sur le
débat, et n'aurait eu pour détermination de sa décision, que l'examen des faits et l'application vraie des
principes de la matière.

Voilà la marche que le sieur Bonjean devait
suivre.

En vain voudrait-il colorer ses droits électoraux
de droits *nouvellement acquis ;* on lui répondra,
avec avantage, que des droits *nouveaux* sont acquis
par le fait de l'électeur et non par le fait du préfet ;
et que s'ils lui viennent de la loi, ils étaient aussi
réels en 1829 qu'aujourd'hui.

Le fait du préfet est donc indifférent au milieu de
ces débats, puisqu'il n'était pas le seul et dernier

juge de la question, et que le sieur Bonjean doit
s'imputer à faute ou à négligence de s'être arrêté
au premier degré de juridiction.

ARRÊT.

« Attendu que vainement le sieur Bonjean vou-
» drait argumenter du rejet d'une partie de ses con-
» tributions par l'assemblée cantonnale, puisque ce
» travail préparatoire ne l'empêchait pas de se pour-
» voir devant le préfet, jugeant en conseil de pré-
» fecture, et même devant la Cour royale ;

. » Attendu qu'il résulte de l'examen des pièces
» soumises au conseil de préfecture, le 28 mai,
» que le sieur Bonjean avait des droit acquis avant
» la clôture de la liste, qui a eu lieu le 30 sep-
» tembre 1829 ;

» Attendu qu'il résulte des dispositions combi-
» nées des articles 6 de la loi du 2 mai 1827, et 22
» de la loi du 2 juillet 1828, que les individus qui
» ont négligé de réclamer leur inscription sur la liste
» des électeurs, quoiqu'ils eussent des droits acquis
» avant la clôture fixée au 30 septembre de chaque
» année, sont déchus de l'exercice du droit d'élec-
» teur jusqu'à la révision générale et annuelle des
» listes électorales ;

» Et attendu que le sieur Bonjean se trouve dans
» le cas de cette déchéance.

» Par tous ces motifs,

» La Cour maintient l'arrêté de M. le préfet du
« Puy-de-Dôme, etc. »

M. Grenier, 1er. Président.

M. de la Boulie, Avocat-général.

Me. Rouher, Avocat.

Nota. Voyez Favard, pages 60 à 63 ; il relate tous
les arrêts.

10 Juin 1830. — 1ʳᵉ. Chambre.

*Doit-on inscrire comme électeurs, sur le tableau de
rectification, les individus à l'égard desquels les conditions de temps ou d'âge, dont dépend la capacité électorale, s'accomplissent après la clôture du tableau de
rectification, mais avant l'ouverture du collége?* Rés aff.

FABRE-REDON, *C.* le PREFET du Puy-de-Dôme.

La dame Pouzol, veuve Redon, délégua, le 22
mai dernier, ses impôts s'élevant à la somme de
1,144 fr. 43 c., au sieur Fabre-Redon, son gendre.

Celui-ci n'avait pas atteint sa trentième année; il
fallait attendre jusqu'au 11 juin.

Le sieur Fabre-Redon demande à être inscrit sur
le tableau de rectification, et produit à l'appui de
cette demande, son acte de naissance, la délégation
de sa belle-mère, etc.

Le préfet rejète sa demande, par arrêté du 30 mai
conçu en ces termes :

« Considérant qu'il résulte de l'acte de naissance
» produit, que le sieur Fabre-Redon n'obtiendra
» sa trentième année que le 11 juin 1830;

» Considérant que la limite d'acquisition ou de
» perte de droits susceptibles d'influer sur la forma-
» tion du tableau de rectification, doit être fixée
» uniformément au onzième jour après l'ouverture
» du registre, époque de la clôture du tableau de
» rectification, et qu'ainsi les individus qui attein-
» draient trente ans depuis cette époque jusqu'à l'ou-
» verture des colléges, ne peuvent être inscrits sur
» le tableau ;

» Considérant que cette solution adoptée par le
» ministre dans sa circulaire du 14 mai 1830, est